EN INNOVATIVEN KURS OP BOOK HARD COPY MARKETING

- WÉI MILLIOUN HARD KOPIÉEN VUN ALL Buch ze verkafen

Vun
Justin MacDonatus

Inhaltsverzeechnes

DËSE KURS ASS FIR WEM?

1. **EDITÉIEREN**
2. **ANZÉIEREN VERLAG**
3. **AUTEUREN**
4. **INTENDING AUTEUR**
5. **BOOK LOVERS AN Collectors**
6. **Buch Lieser**
7. **Buch REVIEWER.**

8. Buch Agenten
9. Buch Verkeefer
10. BOOKSHOP
    Besëtzer, ETC

Erwaart Resultater

1. Interesséiert Parteien si gezwongen ausserhalb vun der Këscht ze denken.
2. Et gëtt erhéicht Bicherverkaaf.
3. Käschte vun der Verdeelung wäert reduzéieren.

4. Méi Leit wäerte finanziell vun engem Buch profitéieren wéi jee virdrun.

5. Erhéije Recetten fir Editeuren.

6. Geklomm Recetten fir Auteuren.

7. Nei Partnerschafte wäerten entstoen. etc.

Virdeeler fir en Auteur, WÉI E BOOK ENG MILLIOUN KOPIÉEN A 40 DEG VERKEEFT

Virdeeler fir Verkeefer, DISTRIBUTEUR, Händler AN ANER AN DER SUPPLY CHAIN

"IMPOSSIBE ASS E Wuert AN DICTIONARY OF FOOLS AND I AM NOT A FOOL"

NAPOLEON BUONAPARTE

WEI MAKSIMUM BENOTZEN VUN DËSEM COURS KRITT

1. Fuert net duerch. Dëst ass keng Zeitung déi Dir nëmmen d'Schlagzeilen liest. Gedold

studéiert all
Zeil a Kapitel.

2. Gitt dräimol
   duerch, ier
   Dir
   d'Äntwerten
   op
   d'Iwwerpréiw
   ungsfroen
   probéiert.

3. Schreift
   d'Äntwerten

op all
Bewäertungsf
roen eraus.
Äntwert
hinnen net
geeschteg.
4. Da schreift all
Kapitel an
Ären eegene
Wierder nei.
5. Interrogéiert
all Kapitelen.

Huelt w.e.g. Äert Notizbuch eraus a stellt Froen. Maacht dëst besonnesch nodeems Dir fir d'éischte Kéier gelies hutt.

6. Léieren anerer. Si soen de beschte Wee fir ze léieren ass anerer ze léieren wat Dir léiert.

7. Schreift Froen déi Dir Schüler stellt. Fannt dann

d'Äntwerten
fir si.

8. Schreift elo
Ären eegene
Marketingpla
ng baséiert op
den Léier hei!

DEDIKATIOUN

Dëse Cours ass fir all praktizéierend Schrëftsteller a Veröffentlecher weltwäit gewidmet.

Kann dëst Buch en neit Feier an Iech bréngen.

Virwuert

Et geet net duer e
Buch ze schreiwen.
Souwuel d'Lieser wéi
d'Auteure wëssen
datt e Buch vu kee
gelies ass um
selwechte Sockel
steet wéi dat wat guer
net geschriwwen ass.

E Buch gëtt
d'Produkt et ass

entworf fir de
Moment wou seng
Säiten opgemaach
ginn an net nëmmen
duerchgefouert ginn,
mee gelies an nei
gelies!

Dëst kann nëmme
geschéien wann de
Marketing ass wéi et
soll sinn. Dësen
Effort garantéiert

datt d'Buch an der Hand vun der richteger Persoun lant an déi Persoun bezilt gäre Sue fir d'Buch.

D'Erfahrung huet gewisen datt dës wëssenschaftlech Ustrengung genannt Marketing net ëmmer sou einfach ass wéi et schéngt. Déi meescht mol huelen mir un datt mir wësse wat mir maache maache fir nëmmen den haarde Wee ze entdecken, datt mir d'Saach op eng aner Manéier kéinte ugoen.

Just wéi Marketing en eegene Beruff ass,

ass Book Marketing besonnesch an dësem Zäitalter vu bal Bichermaart Sättigung esou wichteg an zentrale Bühn ginn wéi kënschtlech Intelligenz. Dofir muss d'Fuerschung weiderfuere fir d'Approche ze fannen

déi am Beschten
passt an d'Zäiten an
där mir liewen.

Wat Dir an Ärer
Hand hutt ass
d'Produkt vun der
Fuerschung. Et ass
eng innovativ
Approche fir
Buchverkaaf déi
versprécht net ze
versoen.

PART 1

Lektioun EEN

Iwwregens, WAT ASS INNOVATIOUN ?

Dëst ass einfach eng aner a besser Manéier oder Weeër ze fannen fir Saachen ze maachen fir e bessert Resultat . An

anere Wierder, et
geet ausserhalb vun
der Këscht denken.

Dëst bréngt e puer
Fuerschungen. Esou
Fuerschung zielt op
Planung,
Produktivitéit,
Prozess, an Impakt
souwéi Käschten
Audit. Et ëmfaasst
och Alternativen

kritesch ze kucken!
Wann eng Amalgam
vu Prozesser
gebraucht gëtt, dann
ass et esou!

Bestëmmt,
Innovatioun, wann
gutt gemaach, endet
an der Entwécklung
vun enger neier
Approche fir wéi
d'Saache, wéi zum

Beispill Buchverkaaf, gemaach ginn.

Dëse Cours léiert wat gemaach muss ginn fir besser Bicher ze kréien, egal wéi eng Zort Buch.

Lektioun ZWEE

DEFINIERT ÄR Zweck

Den Zweck vun dësem Marketing Effort ass eng Millioun Hard Exemplare vun all Buch mat Gewënn ze verkafen.

"Innovatioun ënnerscheet tëscht engem Leader an engem Follower."

- Steve Jobs

"Deen, deen um
Troun sëtzt, sot: "An
elo maachen ech alles
nei!"

- Offenbarung 21:5

Lektioun DREI

DIR MUSS E PLAN HUN

E gudde Plang muss dräi Saachen hunn: éischtens e **Goal. Dëst ass an dësem Fall, wat de Bicherverkeefer hofft ze erreechen.**

D'Zil hei ass eng Millioun Hard Exemplare vun all Buch a Cash ze konvertéieren.

De Plang muss och **Zäitlinnen** an **Ziler hunn.** Zil hei, bezitt sech op eng spezifesch Zuel vu Bicher, déi bannent enger bestëmmter Period verkaaft ginn, déi alldeeglech, wëchentlech oder monatlecht kéint sinn.

De Plang, wéi virdru gesot, muss och eng **Timeline hunn** . Dëst ass eng Period an där de Verkeefer hofft

säin Zil
z'erreechen.

D'Timeline hei ass
bannent siechzeg
Deeg no der
Veröffentlechung.

Dës dräi
Komponente vum
Plang
erméiglechen eis
Firmenressourcen
ze kontrolléieren

fir eng fristgerecht
Erreeche vun
eisem Plang.

"Deen eenzege Wee fir d'Grenze vum méiglechen z'entdecken ass doriwwer eraus an dat Onméiglecht ze goen."

- Arthur C. Clarke

„Keen näht e Stéck
neit Stoff op en aalt
Kleedungsstéck.
Wann hien mécht, de
Patch Tréine vun et
ewech, déi nei aus
der al, ad eng
schlëmmer Tréin
gemaach.

- Mark 2:21

Lektioun Véier

OPGEPASST OP DE PRODUKT

Experten soen Iech datt Marketing ufänkt och ier de Produkt entwéckelt gëtt. Natierlech fänkt et mat Fuerschung un. Auteuren an Editeuren däerfen

net zécken,
d'Technologie,
genee kënschtlech
Intelligenz,
ëmzegoen, fir
sécherzestellen,
datt nei Produkter
den Erwaardunge
vum
Kafepublikum
entspriechen.

Sou eng déif
Fuerschung wäert

suergen datt
Vermaart a
Verëffentlecher
mat eenzegaartege
Produkter
kommen, déi den
Zilmarkt
servéieren.

Mat der uewen am
Kapp muss d'Buch
e Verkafspunkt
hunn. Et muss en
Haken hunn a

professionell an
alle Beräicher
sinn.

Just all Buch,
wäert a däerf net
duergoen. D'Buch
muss en
eenzegaartege
Problem léisen.

hir Suen nëmmen
ausginn fir dat wat

e Problem fir si léist.

Si soen an Afrika datt d'Ae virum Mond ësst. Dofir muss d'Buch net nëmmen e Problem léisen, et muss gutt entworf a verpackt sinn fir d'Ae vum Lieser unzezéien an ze halen.

Et muss och an
der Sprooch a
Goût vun de
Lieser sinn!

Näischt an oder
iwwer d'Buch
däerf de Lieser
ofsetzen!

Loosst et och
d'Fantasie vun de
Medien kierzen.

"Innovatioun ass ze gesinn wat jidderee gesinn huet an ze denken wat keen geduecht huet."

- Dr Albert Szent-Gyorgyi

"Am Ufank huet Gott
den Himmel an
d'Äerd erschaf."

- Gen. 1:1

Lektioun Fënnef

EIS PLAN

Eist Zil bleift eng Millioun Hardkopien vun all Buch an enger Kampagne ze verkafen.

Eis Timeline ass eist Zil bannent 40

Deeg nom Start z'erreechen!
Eis Approche ass dräi bekannte Buch Marketing Methoden oder Systemer ze kombinéieren.

Nummer One ass direkt Verkaf . An dëser Method, huelen mir d'Buch ze Büroen an Plaz wou de Potential Lieser a Keefer Aarbecht oder heefeg. Dëst kann och als Hawking bezeechent ginn, ouni Hoer opzedeelen.

Direkte Verkaf involvéiert eng grouss Zuel vu Foussszaldoten ze astellen fir de

Keefer oder
Starter
z'erreechen wou se
sinn a sou séier
wéi méiglech
.
Nummer zwee
ass d'Traditionell
Buchstart
Approche.

Book Launch
ass eng Zäit getest
Method an där

ausgewielte
Perséinlechkeeten
identifizéiert ginn
a bewosst,
invitéiert fir dat
gewielt Buch op
engem
bestëmmten
Datum, Zäit a Plaz
an op enger
zougänglecher an
akzeptabeler Plaz
ze lancéieren, am

léifsten en Eventzentrum.

Verschidde Critèren wéi:
1. Finanzstatus vum Launcher-ze-been,
2. Generositéit,
3. Relatioun,
4. Potential Launcher Léift fir Bicher vun där Zort, an

5. Vergaangenhee
t Geschicht;
muss
berücksichtegt
ginn beim
Choix wien ze
invitéieren fir
d'Buch ze
lancéieren.

Nummer dräi Method ass wat Amerikaner an aner Éischt Welt Natiounen als Book Autographing bezeechnen .

An dësem Fall sinn potenziell Keefer invitéiert op eng spezifesch

Plaz, am léifsten e Librairie fir ze kafen an den Auteur oder säi Vertrieder d'Buch als Erënnerung ze ënnerschreiwen!

Nummer véier ass d'Benotzung vun traditionelle Bicherverkaafsstä nn. Dofir bezéie mir eis op Bicherbutteker a Bicherveräiner vun allen Aarte, dorënner Fernseh- a Brennstoffmarketingstatiounen, fir e puer ze nennen.

Traditionell Buchverkaafsst änn si schonn am

Geschäft fir Bicher ze verkafen. Si ginn also net erwaart eng Chance ze refuséieren fir méi Bicher ze verkafen.

Hir Virdeeler mussen hinnen just kloer erkläert ginn. Och ze erklären ass wéi d'Campagne zu manner Aarbecht, méi Verkaf a verbesserte Ruff fir si kënne féieren andeems se mat engem gudde Produkt assoziéiert!

An dëser
kombinéierter
Method, wéi Dir
gesitt, huelen mir
d'Buch un
d'Endbenotzer wou
se och ëmmer ze
fannen sinn.

**Déi eenzeg
Ausnam kéint
d'Buchlancatio
un gewiescht
sinn, awer mir**

hunn et innovéiert andeems se d'Buch un d'Invitéë geholl hunn, déi net op der Plaz vum Buchlancéiere sinn!

De ganze Prozess brauch eppes ze maachen: Zäit a

Gedold musse gutt geréiert ginn.

Fir Leit de Prozess, sollt ee vun hire perséinleche Kontakter an enk Mataarbechter ufänken. Dës Leit kennen Iech schonn a vertrauen Iech. Si wäerten also keng

Schwieregkeeten leiden, mat Iech an engem Team ze schaffen!

NOTÉIERT BENE

E puer Leit benotze Multi-Level Marketing awer dës Approche déi mir net recommandéieren, muss virsiichteg ugoen fir net virgeworf ze ginn Pyramiden ze bauen.

Dëst ass kee Pyramid Schema.

Dës Kombinatioun muss als gezielte an innovative Publikumsbau fir d'Wuel vun engem eenzege Verkaf unerkannt ginn.

All Buch gëtt als eenzege Verkaf behandelt an d'Equipe opgeléist ; wou a wann et keen anere Produit ze verkafen ass.

D'Schrëtt sinn net endlos wéi de Fall mat Pyramiden.

Et gi just véier
Schrëtt an dëser
Versuergungskette:
1. Vum Verkeefer
bis
2. Distributeur an
zu
3. Händler.

**Et gëtt kee
Reschtofkomm
es. Den Deal
endet wann
Ären Invitéierte**

fir d'Buch spenden.

"Feele ass einfach d'Méiglechkeet fir erëm unzefänken, dës Kéier méi intelligent."

- Henry Ford

Lektioun SIX

WOU DISTRIBUTEUREN Kréien

Si kéinten; [a] Partner vun den Editeuren [b] Bestehend Bicherbutteker. [c] Schoulen. [e] Tankstellen. [f] Buch- a

Liesveräiner. [g]
Zeitungsdistribute
uren. [h]
Perséinlech
Kontakter vum
Auteur. [i] Sozial
Medien
Kontakter. etc.

"Innovatioun hëlt zwou Saachen déi scho existéieren an se op eng nei Manéier zesummesetzen."

- Tom Freston

*"Däi Wuert ass eng
Luucht fir meng Féiss
an e Liicht fir mäi
Wee."*

- Psalm 119:105

DISTRIBUTION
CHANNELS

Lektioun siwen

WOU Händler ze kréien

Dës solle suergfälteg ernannt ginn / gewielt vun den Distributeuren.

"*Innovatioun kënnt vum Produzent - net vum Client.*"

- W. Edwards Deming

"En neit Gebot ginn
ech Iech ...,"

- John 13:34

Iwwerpréiwung Froen

1. Wat versteet Dir ënner Verkaf?
2. Wéi eng véier Qualitéite muss d'Buch hunn?
3. Firwat kafen d'Leit Bicher?

4. Beschreift dës innovativ Approche zum Buchverkaaf a fënnef Sätz.

5. Wat ass d'Aarbecht vun den Distributeur en an dësem Plang?

6. Wéi vill Zorte vu

Verkaf sinn an dëser neier Approche zum Buchverkaaf kombinéiert ?

7. **Beschreift wéi Händler rekrutéieren ?**

PART ZWEE

Lektioun AACHT

KOMITÉIERUNG KOMITÉIERT

Denkt grouss. Wat Dir méi grouss ass wéi de Comitésmember, dest besser.

Ech recommandéieren

zwee Comitée.
Den éischte
Schrëtt ass fir de
Verkeefer eng
fënnefhonnert
[500] -**MAN ze
ernennen /
auswielen
COMMITTE
VUN
DISTRIBUTEU
R.**

Zwee, den zweete Comité kënnt zum Liewen wann déi nei ernannt/ausgewielt Distributeuren am Tour, Hëllef ernennen / wielt zéng [10] **Händle**r all, bannent hir zougewisen Territoire.

Den neien **5000-MAN**

HANDELSCOMMI TTEE wäert elo aus fënnefdausend [5,000] besteet. Händler!

Denkt drun datt eis adoptéiert Verkafs Approche ass potenziell Keefer z'identifizéieren an se direkt invitéieren d'Buch ze lancéieren.

All Händler WËLLT ELO ZWEE HUNDERT [200] LAUNCHER ALL OP DEN EVENT ODER D-DAY INVITEREN!

"Innovatioun ass den zentrale Problem am wirtschaftleche Wuelstand."

- Michael Porter

„Kuckt, ech maachen eng nei Saach; elo spréngt et eraus, gesidd Dir et net? Ech wäert e Wee maachen an der Wüst a Flëss an der Wüst."

- Jesaja 43:19

Lektioun néng

DE Besoin fir d'Geschwindeg keet

Dëst kann ni iwwerbetonnt ginn, wann Piraten a Copyright Mëssbraucher/Buchpirate sollen ausgeschwat ginn.

D'Meta-Daten
vum Buch musse
virsiichteg
guidéiert ginn fir
sécherzestellen
datt de Maart se
net kritt och ier de
Verlag fäerdeg ass.

"Innovatioun ass d'Fäegkeet Ännerung als eng Chance ze gesinn, net eng Bedrohung."

- Steve Jobs

30

Lektioun TEN

D'BEDRUCH FIR MASSIV PUBLICITÉIT

Rezensiounen an aner Forme vu Presentatiounen kënne mat sozialen a Massemedien duerchgefouert ginn fir de Public z'erreechen fir sécherzestellen datt se wëssen wat se am Buch kréien. Dëst muss professionell op eng Manéier gehandhabt ginn, datt se den Inhalt vum Buch net verroden oder kompromittéieren. Dëst brauch berufflech

Equiliber an ni op Quacks, Charlatans an hallef-gebakene Individuen opginn

.

PUBLICITY
AUDIENCE
GOODWILL
PR
RELATIONSHIP
SOCIAL
MEDIA
ADVERTISING

"Innovatioun ass dat spezifescht Instrument vum Entrepreneursgeescht. Den Akt deen Ressourcen eng nei Kapazitéit gëtt fir Räichtum ze kreéieren.

- Peter Drucker

Iwwerpréiwung Froen

1. Firwat mengt Dir datt massiv Publizitéit an dëser Approche néideg ass?

2. **Firwat brauche mir Geschwindegkeet fir d'Buch un d'Endbenotzer an dëser Approche ze kréien?**

3. **Wat versteet Dir als spezielle Verkaf?**

4. Firwat géíft Dir Multi-Level Marketing decouragéieren fir eis **Zil an dëser Approche ze maachen?**

5. Wat ass Äre Rot un déi, déi net séier genuch

Exemplare
kënnen
ausdrécken?

6. A fënnef Sätz
erzielt eis wat
Dir ënner
Buchautogra
mm versteet?

7. A fënnef Sätz,
beschreiwen
wat mir an
dësem Cours

als
Traditionell
Buchstart
bezeechnen?

FREE PUBLICITY IDEAS

PART DREI

Lektioun eelef

DE Besoin fir Soft Kopien

Och wann dës
Marketing
Approche op
Hardcopy Verkaf
riicht ass, ass et
näischt falsch mat
der selwechter
Geleeënheet ze

benotzen fir e
puer mëll Kopien
ze verkafen. D'
Mëttegiessen vun
de mëllen
Exemplare, **kann
eng Woch oder
zwou verspéit
ginn,** awer dëst
sollt net
verweigert ginn
deenen, déi vläicht
net mat
Hardcopies

verléift sinn! Dës
duebel Approche
erfuerdert och
professionell
Handhabung.

"Innovatioun ënnerscheet tëscht engem Leader an engem Follower."

- Peter Drucker

Lektioun zwielef

FIRwat soll e DISTRIBUTEUR Händler FIR DIR SCHAFFT?

[i] Si sinn haaptsächlech Leit déi schonn am Buchverkaafsgesc häft sinn.

[ii] Si si Buchliebhaber.

[iii] Si sinn Autoren déi Matbierger Autoren hëllefen wëllen ze verkafen.

[iv] Si si Frënn a Kontakter vun Auteuren, déi d'Auteuren hëllefe

wëllen an e bësse Sue maachen.

[v] Si gi gutt bezuelt fir hiren Effort.

"Innovatioun ass d'Liewensmëttel vun all Geschäft."

- Peter Drucker

"Well ech kennen d'Pläng, déi ech fir Iech hunn, seet den Här, Pläng fir Wuelbefannen an net fir Béisen, fir Iech eng Zukunft an eng Hoffnung ze ginn."

- Jeremia 29:11

Lektioun dräizéng

WAT BESCHREIWEN MIR ENG GUTT BEZUELT?

i.   Eng direkt Ausbezuelung vun net manner wéi 50% [Konditioune gëllen] vum approuvéierte Verkafspräis oder Minimumspend, deen um Buchstart erwaart gëtt.

ii. Fir d'Produktivitéit ze verbesseren, mussen d'Konditioun

e kloer
erkläert a
verstane ginn
:

[a] 50% ginn
nëmmen un
déi
ausbezuelt,
déi e
Minimum vu
fofzeg [50+] a
méi héich
invitéieren,

déi d'Buch ophiewen an den erfuerderleche Minimum fir de Buchstart spenden.

[b] 40% ginn un déi ausbezuelt, déi nëmme véierzeg [40 -

49] Spender invitéieren, déi d'Buch tatsächlech ophuelen an de erfuerderleche Minimum spenden.

[c] 30% ginn un déi ausbezuelt, déi nëmmen drësseg [30 - 39] Spender invitéieren, déi d'Buch tatsächlech ophuelen an den erfuerderlech e Minimum spenden.

[d] 20% ginn ausbezuelt un déi, déi nëmmen zwanzeg [2 0-29] Spender invitéieren, déi d'Buch tatsächlech ophuelen an de erfuerderleche Minimum spenden.

Dës Konditioune sinn an hirer normaler Bedeitung wéi nëmmen vun de Bicherverkeefer interpretéiert.

iii. Loosst et eng Form vu Versécherung

vun enger konstanter a regelméissege r Akommesquell sinn. Dëst geschitt wann nei Bicher reegelméisseg presentéiert ginn, an d'Verkafstea m oder d'Versuergun

gskette erëm
zesummegesa
t ginn, am
léifsten
wöchentlech
op laang
Siicht.

iv.	Eng grouss
Reduktioun
vun de
Käschte vun
der
Verdeelung.

v.	Schafung
vum
richtegen
Aarbechtsëmf
eld. Dir kënnt
hinnen
erlaben op
afstand ze

schaffen
iwwerdeems
Resultat
erreechen.

vi.   D'Reklamm
vum Produkt
a säi Start
ganz gutt
wäert en
extra Ureiz
sinn well et et
méi einfach
mécht de

Produit ze verkafen.

vii. D'Medien ze kréien fir super Rezensiounen vum Buch ze schreiwen wäert sécherlech e groussen Ureiz sinn.

viii. D'Verpakung an d'Buch

gutt ze
markéieren,
besonnesch
den Cover
gutt ze
designen,
wäert e
gudden Ureiz
fir
d'Verkeefer
sinn.

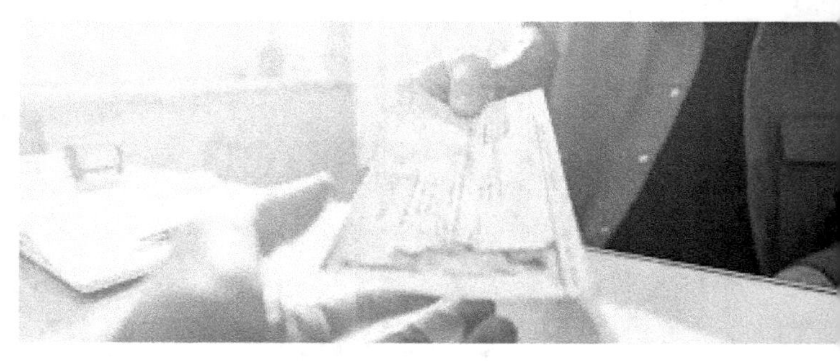

"*Innovatioun ass d'Fäegkeet Iddien a Rechnungen ëmzewandelen.*"

- L. Duncan

Lektioun véierzéng

DE Besoin fir Territoire MAXIMISERING

Roll-out soll iwwer e klengt Gebitt gläichzäiteg sinn. Dëst wäert d'Käschte vun

der Verdeelung
op kuerzfristeg
reduzéieren.

Et erlaabt Iech
och op
spezifesch Mäert
gläichzäiteg ze
fokusséieren.

Dir kéint breet
goen. Et gëtt kee
Gesetz géint.

Et hänkt vill vum
Portmonni vum
Verlag of. Mir
mussen drun
erënneren datt
wat méi breet de
Startgebitt, dest
méi grouss ass
déi néideg
Logistik.

Saturations
Ofsaz Prinzip
awer, dictates,

datt Dir eng
kleng Territoire
Kaart eraus an
saturäte et mat
Iech r Campagne
a Produiten.

Dëst wäert et
och méi einfach
a méi bëlleg
maachen
Sensibiliséierung
vun Ärem
Produkt a

Maartentrée ze kreéieren.

Iwwerpréiwung Froen

1. Wat versteet Dir datt d'Territoirem aximaliséierung ass?

2. Ernimmen zwee Virdeeler vun Territoire

Maximaliséier
ung?
3. Wann Dir dës
innovativ
Buchverkaafs
kampagne
géift lafen, sot
eis zwee Ureiz
déi Dir Är
Distributeure
n an Händler
géift ginn?
4. Wéi kann e
gutt

geschriwwent
Buch en Ureiz
fir d'Verkeefer
sinn?

5. Wéivill
Prozent géift
Dir als
adäquat Ureiz
fir d'Verkeefer
betruechten?

6. Wien soll
d'Händler
rekrutéieren?

7. Wéi kann professionell Reklamm vum Buch en Ureiz fir d'Verkeefer sinn?

PART VIER

Lektioun fofzéng

MAACHEN BEZUELEN AN ACCOUNTANTS EINFACH.

Gitt alternativ Bezuelmethoden. Dëst sollt de Verkeefer enthalen souwuel

Cash wéi och E-Bezuelungen.

Dëst erlaabt d'Leit ze kafen wéi se goen a souguer an hirer Aarbechtsplaz.

Distributeuren, Händler a Verkeefer musse berechtegt sinn Suen ze sammelen

ouni datt de Client
Schlof iwwer
Bezuelmodus
muss verléieren.

Wou E-Kopie
verfügbar sinn,
soll eng Websäit
entwéckelt ginn,
déi d'Leit et
erlaabt ze
bezuelen an
d'Buch direkt ze
kréien, entwéckelt

a gesat wou de
potenzielle Keefer
sinn.

Keefer sollen och
gutt bewosst
gemaach ginn datt
dës Ariichtungen
an der Hand sinn.
Si däerfen keng
Suergen
iwwerloossen a
sech froen, wou a
wéi se d'Buch

kënne kréien a
bezuelen a wéi
laang et se dauert
fir eng
Transaktioun
ofzeschléissen!

"Innovatioun hëlt zwou Saachen déi scho existéieren an se op eng nei Manéier zesummesetzen."

13. HUEL VUN DISSONANCE

Dëst ass wat Dir maacht fir sécherzestellen datt déi, déi Äert Buch kafen oder patroniséieren, dauernd un déi positiv Säit vum Buch erënnert ginn,

besonnesch
nodeems se hire
Kaf oder
lancéiert hunn.

"Innovatioun geet
net drëm alles ze
änneren, just wat
muss geännert ginn."

"Awer alles soll anstänneg an Uerdnung gemaach ginn."

- 1 Kor. 14:40

Lektioun siechzéng

KASS DAT ALLES NET SUEN?

Wéi eng Entreprise hëlt keng Suen? Mir wëssen, datt d'Dréckerei vill kascht.

Dëst ass méi de Fall wa mir vun enger Millioun Exemplare schwätzen.

Gëtt et e Wee eraus, ausser Selbstfinanzéierung?

Jo.

Distributeuren
kéinten:

[i] Pre-
Registréiert mat
engem
Tokengebühr
oder

[ii] Virbestellung
baséiert op der
Unzuel vun den
Händler déi se

ënner hinnen
hunn.

[iii] Händler
kënnen och
datselwecht
maachen.
De Verkeefer
kann och
laangfristeg
Kontrakter mat
den Dréckeren
betruechten.

Eng aner
Optioun kéint
Bank

Ariichtungen ginn, an der Verontreiung vun Self-Finanzéierung.

Dést sinn net déi eenzeg Optiounen. Eng gutt Alternativ ass kleng a gratis unzefänken fir d'Vertrauen ze stäerken.

"Eisen schärft Eisen,
an ee Mann schärft
en aneren."

- Spréch 27:17

Iwwerpréiwung Froen

1. Maacht e Finanzplang fir Ären eegene innovative Buchverkaafsprojet.

2. Wat versteet Dir ënner Dissonanz am Marketing?

3. Sot eis wat Dir als Persoun maache wäert fir Dissonanz ze këmmeren?

4. Firwat ass Verantwortung ganz wichteg fir all Parteien zum Buchmarketingprojet?

5. Firwat ass dëse

Buchmarketin
gprojet eng
Partnerschaft
?

6. Wat wäert Dir
als Persoun
maachen, fir
d'Bezuelung
einfach an
Ärem eegene
Projet ze
maachen?

7. Schreift e
Machbarkeetb

ericht fir eng
Persoun ze
guidéieren déi
dës Method
benotze wëllt
fir
zéngdausend
Exemplare
vun all Buch a
siechzeg Deeg
ze verkafen!

ANER BICHER / COURSES VUM SELWECHTEN AUTEUR

1. FIRWAT A WÉI KIRCHEN KANN GËLLT / KRÄFTEN BUILDEREN.

2. WEI ÄR KOU MULTIPLISIERT.

3.   FIRWAT DE
RICH léinen.

4.   DÉI
WICHTEGSTE
SAK VUN SUEN
:- SCHOCKEND
OVERRASCHT
MÄ SOLID
ERklärungen,
déi un de
Ëffentlechen
geschéckt ginn,
VUM
MANÉIERS,

DIR ÄR
FINANCE
HANDELT.

5.   DÉI
NËMMEN
MANÉIER
SUEN WANN
SCHLOFT
SUEN ze
verdéngen.

6.   HIGH
PERFORMANC
E SECRETS:

VIERZIG VITAL Lektioune VUN DEN 2018 WM COACHEN.

7.   FIRWAT SUENZILER SETZEN ?: - A WEI SÉI ZE TREFFEN!

8.   WEI DER SEAMINGLY UNSALABEL ze verkafen.

9. PRODUKTIVITÉIT: WÉI ÄR Akommes TAUSEND FALT MULTIPIEREN: Iwwerraschend EINFACH SCHRËTT FIR Akommes ze stäerken.

10. WEI MILLIONÄREN

202

HÄR Sue
Maachen.

11.   WEI
ERSCHAFEN
ENG JOB FIR
SELWER.

12.   WEI
ERSCHAFT
EEN JOB FIR
DIRSELF :-
OUNI OP
DONALD
TRUMP ODER

ENG ANER
PERSOUN
WACHTEN.

13.   SOU
NËMMEN DIR
SELF E
MANAGER ?:
FALLSTUDIEN
AN
MANAGEMENT
AN
AARBECHTSBO
OK FIR ÄR
MANAGERIAL

14.   SOU NËMMEN DIR SELF E MANAGER.

IWWERT DEN Auteur

Den Justin MacDonatus, e Grousspapp a 67, ass e Fuerscher, sicht stänneg nei Léisunge fir al Problemer.

Als Journalist an Ex-Editor kënnt d'Sich no Informatioun him natierlech.

MERCI !!!

Mir soen Iech Merci datt Dir Péng gemaach hutt fir duerch dëse Volume ze goen.

Mir schätzen d'Tatsaach a bieden datt Dir e puer Suggestiounen hutt fir d'Buch fir eis ze verbesseren.

Iwwerdeems mir Iech versécheren, datt dëst

Buch virsiichteg recherchéiert gouf, mir kënnen net Guarantee dass d'Iddien hei fir jiddereen Aarbecht wäert. Mir fuerderen dofir weider Berodung a Vorsicht.

Sollt Dir Iddien hunn fir eis ze hëllefen op aner Editiounen ze verbesseren oder méi ze sichen,

E-Mail eis w.e.g. op
newochei@gmail.com
mat Ären Iddien a
Virschléi fir eis nächst
Editioun.

REFERENZEN

- www.google.com

- Bibel

- https://learn.tearfund.org/en/resources/footsteps

- www.reformedwiki.com/verses/innovation

NOTIZEN

NOTIZEN

www.ingramcontent.com/pod-product-compliance
Lightning Source LLC
Chambersburg PA
CBHW070928260726

48661CB00003B/874